아내의 머리를 염색하며

장수현 시집

계간문예

아내의 머리를 염색하며

시인의 말

아내가 말했다

제발 좀 정리하고 버리라며 요즘 누가 책을 읽느냐고

꽁꽁 묶인 빨랫줄에는 빨래 대신
세탁 못 한 언어와 빨지 못한 책을 풍장 하니

맨홀에 빠진 갈기 없는 말의 고삐를 놓치고
은신처를 찾는 먼 길에 천천히 서두르는 나를 본다
......

2024년 6월
장수현

차례

시인의 말 • 6

1

일상 1 • 13
일상 2 • 14
일상 3 • 15
일상 4 • 16
죽은 자를 엿보다 • 17
맨홀 속에 빠진 말에 대하여 • 18
여느 골목들 • 19
조촐한 여정 • 20
심해를 헤매는 시선에 묻다 • 22
길바닥에 대한 단상 • 23
버스종점은 바람 같은 외로움이 있다 • 24
내 안에 가득한 것들 • 25
도동항에 스민 날선 공복 • 26
그날은 비가 오지 않았다 • 28
아내의 머리를 염색하며 • 30
값없음에 대하여 • 32

소백산 연가 • 35
숨은 벽 • 36
산다는 재미가 없는 날에는 • 37
낮술 • 38
사과 • 39
섬광 속에 흐르는 나락의 사생활 • 40
외로울 때는 산으로 갑니다 • 41
소백산 패랭이꽃 • 42
정남진은 언어들의 변곡점인가 • 44
팽팽한 먹줄 위의 시나위 • 45
느아우골에 착륙한 검은 소실점들 • 46
처음이라는 언어 • 47
처음처럼 • 48
다음이란 노란 포스트잇 • 49
모래시계에 갇힌 바람 • 50
가을이고 싶습니다 • 51

3

추억 • 55
어머니의 미소 • 56
왜 이럴까 • 57
홀가분해지는 시간 속에서 • 58
존재는 착각인가 • 59
동전 • 60
유목遊牧 • 62
고독사 • 63
북창동 연가 • 64
강가에 서면 • 66
연蓮 익는 늪에 오면 • 67
사라진 궤적을 찾는 발자국인가 • 68
고사목에 돋아난 촉수 • 70
하데스 명부에 부유하는 미명인가 • 71
희끄무레한 흔적들 • 72
목넘이로 저며 들다 • 74

지하에 돋아난 쇄말적인 괄목들 • 77
두물머리 • 78
나는 숲에 사는 족속이다 • 80
길 위에 길들 • 81
아이거북벽 속에서 • 82
봄날이 눕다 • 84
희망이라는 꽃 • 85
아들아 • 86
들매끈 • 87
봄바람 • 88
봄 • 89
봄의 묵시록 • 90
산으로 간 물고기 • 91
잉여인간 • 92
휴대폰 • 93
산방굴사에 달빛 되어 • 94

| 해설 | 가파른 삶 위에 쓰는 서정의 힘 _ 김경수 • 96

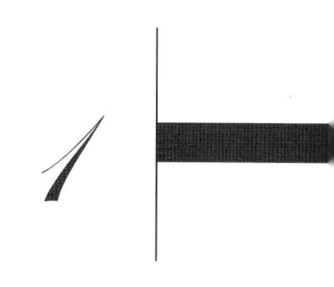

일상 1

깊은 구룡령에 산다는
텃새 한 마리
허공에 선을 긋고
지나다니는 그곳
통마람골 골바람 한줄기
휘어잡아 액자에 넣고 싶은 날

일상 2

오늘 새벽을 끌고 어딘가 가리라
내 언어의 뿌리도
내 언어의 매듭도
내 언어의 조악한 가슴도
모두 버려둔 채 가리라

일상 3

나는 항시 시야가 닿지 못하는
그 너머의 공간에 유혹을 받는다
하지만 나의 시야는
결국 그 너머의 공간을 감당하지 못해
기진한 채 허덕거린다
늘 그렇다

일상 4

앞선 친구의 등판을 보고
뒤따르는 벗의 거친 숨소리를
들어야 한다는 산악대장의 순리에
풀빵처럼 부풀어 오른
주왕산과 내연산의 땀 속에
설핏 지나가는 그림자로
숨 가쁘게 오르고 부지런히
걸어낸 날

죽은 자를 엿보다

저녁 산길에
깨어진 바람 조각으로
북한산 하산길은
자주 시야를 잃는다

개울 건너 두꺼운 절망을 잔뜩 발라놓은
밤골 굿당의 그 소란스러움은
산 자와 죽은 자들
그 사이에 떠도는 물음표 같은 것

그 너머의 공간에 유혹을 받아
상갓집서 늘 밥을 얻어먹었다
고단함이 헐거운 홑이불같이
접혀 머뭇거릴 때

열린 허공에 돋아나는 의문부호 하나
이승과 저승의 매듭에 춤추는
현란한 칼춤을 기웃거리고 있다

맨홀 속에 빠진 말에 대하여

장항선 새벽 열차에 어지러이 뭉쳐진 말들
부랑자의 시간을 지운 동공 없는 말들
밤새워 나뒹구는 소주병에 젖은 말들
어둠을 유혹하며 맴돌다 스며드네

그 말은 빛을 멀겋게 투영하는 창틀에
입었다 벗어놓은 순백의 고독이 되었네

언어의 가지 끝에서 백야를 찾아 헤매던 그 말은
깊이 빠지고 멀게 젖어가는 소멸의 속성에도
맨홀을 열고 끄집어낸 갈기 없는 말이네

허공으로 흩어진 그 잔재의 무게들을 부리로 쪼아댄
난파의 묵언에 생성된 낮은 산들이 침몰하는 슬픔이네

오월의 숲에 갇힌 홀딱벗고새 한 마리도
날지 못한 온몸을 그득 감싼 언어의 거죽을 홀딱 벗고
숨차게 달려온 열차에서 튕겨 나온 파편처럼
휘감던 철길 바닷가 뻘 속 깊숙이 파고드네

여느 골목들

골목에 댓글을 염주처럼 엮는 허리 꺾인 부랑자로
거꾸로 선 느린 삶에 늘어난 주름꽃들
피 냄새의 조갈증에 입이 짓무른 거머리처럼
가볍고 가벼워 늘 거리의 권태 속에 엉겨 붙는다
제풀에 겨운 그 영혼의 무게는
는개비라도 날리기 시작하면
희붐하게 치밀어 오르는 욕망의 무리들
밤을 새운 골목은 핏발 선 눈동자들
아침노을의 허기에 흐려진 별빛처럼
연신내 여느 골목에 늙고 말라가는 남은 삶 속에서
다시 잘해보자고 행성에 주파수를 맞추며
새 삶의 등신불을 꿈꾸나 보다

조촐한 여정

여보, 나이 들어 평생 다닌 회사를 은퇴하니 돈 구경
하기가 힘드오. 그래서 궁여지책으로 이곳저곳에서
얄팍이 일하며 알량한 돈 몇 푼씩 받는 것마저도 모두
온라인으로 당신에게 송금되니 요즘 들어 주머니가
더욱 궁색해진다오. 어쩌다 문학작품 심사라도 있어
몇 푼 받아 당신 몰래 책장에 꽂힌 책 중 작고한
천상병 선생님의 시집에 감추어 두면서 괜히 아랫도리가
찌릿한 흐뭇함도 들었다오. 그런데 돈 몇 푼이 하얗게
가신 선생님에게 영 죄를 짓는 것 같아 다른 책으로
바꾸었는데 도무지 기억이 나질 않는구려.
그래서 당신에게 말도 못 하고 끙끙대며 책장에 잔뜩
꽂힌 동서고금 서적을 뒤져보고 소설책, 수필집, 시집은
물론 두꺼운 경영학 교재까지 모조리 뒤져도 못 찾았다오.
이마에는 진땀이 나고 눈에는 쌍심지가 돌아 올라 목뒤가
뻐근해지는 걸 느꼈다오. 저녁에 죽마고우를 만나 술 한잔
하기로 한 날인데 말이오. 그때 "뭘 찾으슈"하고 묻는 괜한
당신에게 말도 못 하고 소파에 털썩 앉으며 TV를 켜고
건성으로 신문도 들여다보았었소.
"여보 친구 만나러 가게 돈 좀 줘-"하자
"돈 없어요-"하는 대답에 주눅이 들었다오.
서글프오, 사내의 삶이 끌려가는 비극적인 것 말이오.

평생 밥벌이의 지겨움에서 벗어나 조촐한 가난이라도 벗고 이것저것 소일하며 여생을 보내고 싶었다오. 우리는 지금도 돈의 지엄함에 고개를 숙일 수밖에 없나 보오. 이 각박하고 험한 세상에도 난지도 갈대숲에서 날아오른 새들은 이 쓰리고 아픈 세상을 훌쩍 뜨는데 당신과 나는 비정하고 흉흉한 이 세상을 별수 없이 엎드려 있나 보오. 갈대숲을 떠난 새들은 한강을 가로질러 산을 넘고 바다를 건너 아프지 않은 세상을 찾아가는데 말이오. 당신과 함께 걸어온 외줄 인생 44년이 어제 같은데 그 여정을 가슴에 안은 당신과 나의 삶은
돈벌이의 엄중함에 눌려 세상에 뜬 헛말과 빈말에 휘둘린 중구난방이었구려. 여보,
이제는 우리 돈 없어도 꿋꿋하게 살아가요.

심해를 헤매는 시선에 묻다

입속에 쏟아 넣은 하얀 투영제 한 컵
겨울철 홑겹의 차디찬 속살 속에
한줄기 눈빛이 잠행한다

허공에서 꺾인 무릎으로 버틴다는 건
심해의 어두운 미로를 헤매는 사실에
머릿속은 감전된 생애가 순간 점멸한다

삶의 응어리가 점철된 곳에 착륙한 우주선
생의 여정을 따라 축적된 등고선이 맞서고
어딘가에 침잠된 오랜 퇴적물의 정체
출구를 봉쇄당한 미로의 흔적이다

광케이블의 신호음은 순항 못한 다급함
길 없는 길에 한 몸이 된 내시경은
어두운 심해에 불꽃을 쏘았다

길바닥에 대한 단상

종로5가의 5월
태양이 핥는 아스팔트 옆으로 줄지어진 좌판들
커피와 찐빵을 손에 쥔 채 거리에 숨을 곳이 없다

그 곁을 지키는 중고 레코드 포장마차에
엔니오 모르코네와 다이애나 크롤의
노래가 흘러나올 것 같은 흑백영화가 펼쳐진다
오래된 작곡가와 스타 뮤지션의 조화는
허튼 접근을 허용하지 않는 버전들일까
산뜻하게 편곡하고 격한 리듬의 분절도 매력인
낡은 레코드표지 그림을 한껏 강조하고 있다

잠시 잿빛 구름이 노인의 주름을 깊게 만들고 있다

길은 언청이처럼 갈라지고 새로 태어나도
유행성 볼거리처럼 길바닥 위에 머물고 있다

그 틈으로 쳐다보는 희미해져 가는 눈망울은
온종일 태양을 겨눈 손가락 고무줄총 총구이다

그동안 끈질기게 괴롭히던 이명이 또 들리는 오후

다시 더위가 시작된다는 소식이다

버스종점은 바람 같은 외로움이 있다

삶의 증명 같은 밥벌이의 파닥거림도
숨 고르고 다다른 752번 종점
흐린 불빛에 갇혔던 봄꽃도 서럽게 꽃 진 흔적 찾을 수 없다
해질녘 쇼윈도에 서린 석양이 다가와
영혼의 떨림판을 자극한다

도착과 떠남의 만질 수 없는 시간은 질펀한 기억의 흉터로
쪽빛 하늘에 별이 되었고, 가슴속 그루터기에 움튼 옹이는
저 혼자 파먹다 허공에 뜬 세월의 돌이 되었다

빈민촌 담벼락이 봄비에 젖어가는 고된 노동끝
술판에 응시와 회오에 지친 종점 사람 그리고 잔해들

목안에 감긴 바람 줄기는 햇빛에 말린 새하얀 식탁보의 어색함
사내가 행주로 훔친 식탁에 은둔한 잿빛 구름이 스민 선술집
퀴퀴함도 잘게 으깨어 그가 닦은 그릇에 담는다

오늘도 구멍가게 형광등이 깜박이듯 진저리치는 갈증에
주린 외로움이 깊어지면 불쑥 펼쳐진 파노라마 속 헛꿈도
빈 병 구르는 밤이 유영하는 종점에 바람 같은 슬픔이 있다

내 안에 가득한 것들

비린 비가 하수구로 흘렀고
오늘도 어제처럼 아프다
빈구석에 구겨져 사내는
도랑 옆 집수정 속에서 시들고
헛돌던 세상에 기댄 마음속 우거진 슬픔
어긋난 삶에 헛돌며 잘게 스민다
선풍기 날개에 들러붙은 먼지처럼 돌며
끈적한 바람 되어 삶을 자꾸 날려 보낸다
비탈진 세월 속 혓바닥에 돋아난 바늘처럼
번민의 벼랑에서 헐떡거리며 굴러온 시간
어느새 그것은 건져 올린 흥건해진 해파리다
빗줄기는 밤새 길을 막고
함부로 돋아나던 비애의 밑동을 자르며
조여드는 세상 속으로 밀고 나가면
무수한 막장의 마침표가 가지런하다
밑동 잘린 사내가 누웠던 콘크리트 끝에
여름날 뉴타운속 병원에서 흑백의 경계가 흐린 날
구겨질 대로 구겨진 나는 담배 한 개비 피워문다

도동항에 스민 날선 공복

한바탕 바람이 지나갔습니다

저물녘 바다와 뒤로 솟구친 해송을
등 돌리는 햇발이 지워지면
나를 비추던 거울이 산산이 깨어지고
그 파편 하나가 언젠가 몸속에 들어와
욱신거리는 날입니다

도동항 건너 해풍에 벼려진 파도에 튀는 포말들

포구는 빛과 어둠이 스민 시간의 흔적 속에
출어를 서두르는 울릉도 사내들이
섬의 알몸 사이로 파도를 끌어오면
위판장 아낙들의 걸쭉한 호들갑에
좌판에서 도리 쳐진 오징어 내장과
해풍에 삭은 갯내음도
괭이갈매기 요동치던 하루를
주섬주섬 챙기며 방파제를 등지나 봅니다

수평선 너머 고래들도 치솟으며 석양빛을 튕겼고
그 물보라가 저녁해를 물었다 뱉기가 잦아들면
건너갈 바다를 뒤로한 채
성인봉 기슭이 옷고름을 풀고 달빛에 감깁니다

한사코
해가 다시 오르면 날이 선 파도가 시선에 가득할 때
이백리 밖 바다 끝에 산다는 그 고적한 섬을
찾아가야 할 나를 잠시 버리기로 합니다

그날은 비가 오지 않았다

그날 바람이 거세질 무렵 동네 산부인과가 문을 닫았다

온몸을 묶인 출산용 침대가 창밖에 내려오며 가랑이를
오므리고 늘어졌다
모서리에 걸린 수술 장갑에서는 흰 뼈가 드러났다
그날 늙은 간호조무사도 일자리를 잃었다

병원 지하 봉분에 깃들어 살던 태아들이 입을 오물거리고
밤새 귀뚜라미 울 때 태어난 아이들은 다시 태어났을까
갑자기 재벌총수가 하늘을 펴온다고 은빛 날개를 타고
하늘로 갔다는 수런거림에 도시 한복판 사지를 톱질 당해
몽탕한 가로수 가지에 널린 참새들이 곤두박질치고 사내들이
벌거벗고 낄낄거리며 몰려다닌다

그날 손바닥만 한 공터에서 아이들이 비석치기 놀이로 작은
기왓장을 깨트린다
아낙네들은 할 일 없이 미장원에 모여 철 지난 잡지를 뒤적이며
수다를 떨고 주소 없는 소포가 배달된 분만실은 뚜껑을 열어도
끄집어낼 수 없는 절벽이다

이따금 새들이 숲에서 날아와 퍼트린 뜬소문과 안개가 품속까지 기어들고 하늘이 개었다 다시 흐린 그 날은 비가 오지 않았고 아이들은 사라졌다

아내의 머리를 염색하며

가녀린 자리옷의 아내가 더듬이를 잃었다

까맣던 머리도 밀려오는 파도에
하얗게 부유하는 거품인가

어느덧
아내의 그 곱던 머릿결은
세월의 깊이가 너무 아득하여
마른 못 속에 젊음을 놓아버렸다

아내의 깃털을 뽑아 염색약을
촘촘히 발라간다

그 가늘고 조촐한 가난을
소중히 품고 살아온 빛바랜 시간들
다소곳이 앉아있는 아내는
녹수틈과 견골이 깊이 패였다

겨우내 산구릉 휘감던 회한의 눈나비 같이
하얀 엉클어짐을 염색약이 까맣게 물들인다

어느새 하늬바람이 푸스스 날아와
깃털로 쪼아놓은 머리에 세월을 심는다
나의 빛바랜 침묵을 탕진하는 날에
아내의 까만 머리는 다시 둥지를 틀었다

* 본문은 프랑스 파리에서 1901년 설립된 『프랑스어권 시인선집』에 선정되어 불어로 번역 2023년 12월에 프랑스 시인들과 함께 출간된 작품임.

값없음에 대하여

어쩌면
없는 산자를 위해 병든 자는 시동을 끄고
책 한 권 움켜쥐고 뒤척이던 음모의 잠자리
여섯 시 오십오 분 병실은 하얀 문짝이 빛을 끌어 모아
소외된 흉터에 슬픔이 가득한 빗금 하나 긋고
그 어떤 그리움도 빈 의자에 앉는다
나는 오늘도 자판기의 커피 한잔을 뽑고
8층 1병동 창밖으로
안개 자욱한 폭포동 아파트 숲의 그늘을 본다
병원 밖 외딴 길마다 제 발등을 찍혀도 알지 못할 정체를
흐릿해진 병든 자의 그림자는
헛것의 시간을 핥으며 허공에 떠있다
없는 무명의 꽃들을 위해 자유를 만끽하는 저들의
값없음에 뱉어버리는 산 자들에 밑줄을 긋는다
아직은
8차선 대로에 납작하게 들러붙은 언어와 문장을
입김으로 부풀려 씹어본다
손목에 흘러내린 붉은 피와 정맥에 깊이 박힌 주삿바늘에
숲에서 추방당한 영혼은 무게라는 것이 있을까
그렇지 않게 사라지는 것들을 위해 그렇게 떠나고 싶어졌다

2

2

소백산 연가

소백산 산꽃 필 때 가리라

파아란 여명 마시며
노랑무늬 붓꽃이 고개 숙이고
죽령의 산마루가 풋내를 뱉는
산안개 가른 능선 위로
서둘러 피운 패랭이꽃 춤추는
저 산 바라만 봐도 좋으리

비틀거리며 떠나온 님 앞에
몸은 서러워 자주 넘어져도
바람에 실려 온
희방사 새벽 종소리 되어
찢긴 고사목 옆 동자꽃 위로
연화봉 능선의 물봉선 아래로
반짝이는 초록 햇살 뿌리는

소백산 산꽃 필 때 가리라

숨은 벽

누가 그대를 숨었다 했나
푸르른 창공의 한 점인 것을
누가 그대를 벽이라 했나
헤매던 눈앞의 문이던 것을
살포시 숨죽여
뭇 사람 오고감을 거부하는
절벽 끝 연초록빛 작은 적송
나 홀로 있고 싶어도
누군가 문 활짝 열어
번뇌 중생 망상 속
해탈의 번거로움 벗어나려
누가 그대를 숨었다 했나

산다는 재미가 없는 날에는

날 궂고 독기 빠져 흐리멍덩한 날에
소주잔의 알량한 속셈은 모닥불을 지핀다
첫 잔의 목젖 타내려 가는 짜르르한 소리에
생소한 길모퉁이에 털려버린 용모파기처럼
눈 귀가 멀어 머릿속이 끝 모를 어둠이다
표류하던 삶에 부역하다 낮참 거른 조갈증
가위눌린 육신은 땅 밑 종말의 별자리다
존재를 인식 못한 는개비라도 흩날리면
희붐하게 치밀어 오르는 날선 비애에
오도독오도독 씹어 주는 닭발과
줄 서려는 소주병은 늘어만 간다
산다는 것이 재미없는 날에는…

낮술

비 쏟으니
더운 낮술 한잔 목젖을 적시고
닳고 닳은 남의 집 툇마루에 걸터앉아
내 안의 독을 다스려도 가슴에 도사린
말에 대한 묵인과 밀어냄이 휘청거릴 때
피안에 계시는 그리운 어머니가
수수 빗자루 치켜들고 달려오며 치시는 말
"이 염병할 놈아! 네 에미 잡아먹어라!"
더욱 그리운 날…

사과

창백함이 서러워 눈발로 흩날리던 꽃잎
초경 비친 계집 같은 순결한 내음이
어느덧 찬이슬 머금은 잉태의 숨결
풋풋한 가을날 앙다물고 참았던 결실들
허공에 토해놓으니 햇빛도 달빛도 아닌 것이
어둠을 사리는 빠알간 등불로 환하게 비추옵니다

섬광 속에 흐르는 나락의 사생활

미식별 된 미약이 사각의 틀에 박혀
보행을 가로막는 직박구리 멧새 한 마리,
불면증에 백납 같은 적막감이 활강한다

소주에 어둠을 섞어 마시고
식은 가슴에 짚불을 놓아
여미지 못한 반달 깃에
혼 떠난 나락이 되어버린 망명 생활이다

들숨이 폐에 갇혀
먹먹하게 허둥댈 때
내게로 다가온 얼치기 뼈들
오줌소태에 팽팽한 긴장은
나갈 수도 다가갈 수도 없음에
숨 고르기만 있다

지하 봉분을
투영하는 MRI 섬광 속에
길길이 말들이 날뛰는
절벽 같은 부대낌들

외로울 때는 산으로 갑니다

뒤따르는 어둠의 허기가 짙어지면 북한산으로 갑니다
사기막 언덕길의 다급함과 호랑이굴 급경사의 허덕임에
끌려온 몸의 단내가 입천장에 쓴 내음으로 까맣게 돋아날 때
작고 더딘 애착은 자꾸 넘어져 빛을 잃어갑니다
어차피 식어가는 빛도 어둠이 있어야 명멸하듯
백운대를 떠받친 깊숙한 지하 묘지에 어둠을 품고 사는
석간수가 발아하는 수은빛을 담으려 하이얀 뜰채로 갑니다
낮에는 조직의 고삐에 스스로를 묶고 순례자의 고행처럼
밤이면 고삐를 풀어 쌉싸름한 허정의 시간을 찾아갑니다
산월을 거른 지 몰라 터지는 양수처럼
쏜살같은 시간의 말미를 계산할 수 없음을 계산하는
여운의 흔적들을 지우려 외로울 때는 산으로 갑니다

소백산 패랭이꽃

조심스레 다가간 희방폭포의 내려침은 내 혼을 죽이며
눈앞에 닥친 거친 벽과 드센 바람 속으로
영혼의 부름에 따라 육신을 한 발 한 발 내디딘다
바람에 넘어지고 돌부리에 걸려 하얗게 표백된
눈망울 가까스로 칠흑 속에 뿌리내린다
걸터앉을 달마저 없는 하늘에 펼쳐진 별들이
내 눈 속에 혼절하여 주저앉는다
솟구쳐 오르는 소백산 멧부리 위로 검붉은 여명에
하얗게 눈 시리며 그대로 거친 숨을 멈추었다
소백산 능선
파랗게 질려있는 멧부리를 감싸고 숨어있던 푸르름이
솟아오른 태양에 깃을 펼치며 횟가래 친다
내 작은 몸뚱이 흔적이 없다
잠 깨어 비명 지르며 요동치는 이름 모를 산 꽃들
속에서 나도 사그라들며 꽃잎 되어 날아간다
비로봉 정상
자취도 없는 몸이 두려움에 떨며 고개 숙여 다가간
하늘 끝 정상에서 몸 사르며 내려다본 하늘 아래는
울긋불긋 풍물패가 상모 돌려 패대기친 패랭이꽃들이
온천지를 붉게 적신다

배곯아 부황 든 어머니의 낙엽 같은 몸이 되어
사른 내 영혼 손짓하는 꽃밭 속으로 뉘어 놓는다

정남진은 언어들의 변곡점인가

바람에 도드라진 더듬이가 낯선 냄새의 키를 올렸다
눈앞에 끌고 온 강이 몸을 내줘 가로지른 징검다리로
소나기마을 움막을 뛰쳐나온 소녀가 깡충거리는 착시
하얀 어둠 속에서도 편애 된 탐진강의 맑은 속살
자취도 없는 몸이 둘레 사물에 끌려 다가간 느슨함
영혼의 갱생에 따라 육신을 그냥 내디딘다
푹 삭힌 홍어처럼 백 년을 익힌 시장 아주머니 거북 손등
한 장 한 장 넘겨본 무산 김 한 톳은 신이 엮어준 촉수
맑은 바람과 물을 괴어 여린 초록 명산이 구축한
삶의 여로와 펼쳐진 행로의 객체로 우뚝한 여다지
문학의 거목들이 대를 물려 선홍빛 철쭉으로 빛나는 토굴도
나에게 정남진 장흥은 알몸을 달금질하는 환한 욱신거림이다

팽팽한 먹줄 위의 시나위

 도편수의 연륜과 세월의 관통은 단순한 손놀림이 아니라 먹줄과 연귀자의 지진계같은 예민함에 터져 나온 혼들의 출렁임인가 먹을 머금은 먹줄을 팽팽히 당겨 고목 위에 깊이 튕긴 선홍빛 직선이다 먹물이 넘치면 걸쭉한 굵은 선이 뼛골로 스민다. 먹물이 마르면 먹줄은 살갗의 핏줄을 돋운다. 고사목에 스민 먹줄은 수정할 수가 없어 검붉은 확정선의 자리매김이다

　고목 뼛골에 세긴 선홍빛 먹줄 위를
　등대기세날톱으로 도편수의 혼을 썰고
　끌날의 벼르기를 어머니의 새벽 정한수 치성으로
　날 등을 밀어 지하 봉분에 꽃피우고

 벽제 승화원 납골 집 3853호에 기둥을 세우고 보를 올려 마흔아홉 칸 상량은 썰물에 밀려간 육친의 무대를 망치질로 장단 맞춘 시나위 살풀이에 해안으로 밀려오는 밀물에 신 내린 강신 무당 불러내어 구만리 세상에서 혼 저미는 춤사위

느아우골에 착륙한 검은 소실점들

등가죽 벗겨낸 속살을 보고서야 알았네

설악산 가리봉 상상봉에
아무도 모르게 낡아가는 생명 하나
외로이 쏟아지는 하늘을 껴안고
바람에 가위눌린 저린 심장 한 조각
차디찬 여백에 던져두고
파랗게 몸 사리는 허상이네

젖은 산등성에 발돋움하던
무수한 낙락장송의 기세마저
느아우골 계곡으로 쏟아져
밀려오는 어둠 저편의 시간을 열어
소스라쳐 엉클어진 일상의 떼 주검을 보네

개켜진 벼랑 길섶도 이슥한 기억을 닦달하는
켜켜이 쌓인 앙금에 흐르는 천명들
짓눌리고 이골 난 주름골에
골골에 박힌 어혈 든 풍상이
홑껍데기 걸친 삶의 환영인 줄 몰랐네

처음이라는 언어

순정을 독차지하며
나 죽는 날까지
애절한 사랑에
가슴이 저려옵니다

찾는 이도 없는데
그리움에 온몸이 붉어 옵니다

바람에 날리는 민들레 꽃씨 뭉치처럼
날리는 언어를 지피는 당신
동그란 입술로 엮는 문장의 유혹에
17도의 달뜬 몽환으로 설레입니다

처음처럼

해가 뜨지 않는 날은
목마름도 없는데
쏘아보는 깊은 눈매로 가슴이 저려온다
애꿎은 버들가지 손목 마디 비틀리고
석양처럼 허리 꼬며 자지러져도
겨운 정을 시샘하는 맑은 이슬
동그란 입술의 묵은 정에 이골 난
유리알 같은 영혼
시어 한 구에 불씨 지피던 군더더기도
철쭉 빛 취기로 몸에 서리는
정든 당신

다음이란 노란 포스트잇

폭포동 산비알에 유유하게 버텨온 적송이 안부를 묻는다
어둠에 물든 숲은 끈끈한 핏줄로 그을린 밤하늘이다
그들의 세상은 푹 삶아 말린 소창같이 단호한 외로움이다

의식의 경계로 좌절도 품고 있는 선림사
사계절을 건너온 일주문 넘어 조금 높은 돌계단이 하늘이라서
저물녘 동안거 공양주가 피우던
공양간 아궁이 불씨도 수척하게 말랐다

그 작은 겨드랑이 움츠리고
마른자리로 순환하는 환생의 앙금들
갈고 닦아온 하얀 세월마저 시들어 주름진 우담바라다

멈춘 자에게 합장된 역경과 흔적의 소멸은 잘못한 판정이다
무한 점별의 다음이란 사진틀 속 소실점은
노란 포스트잇에 쓰인 니루바나(열반)

모래시계에 갇힌 바람

 모눈종이에 나눠 놓은 1.9평, 폐소공포증의 생소함에 하강하는 미결수들, 들꽃 같은 평면의 개방감에 정한을 품고 나선형의 시간이 갖는 그 설득력의 예민함을 모색한다

 구립도서관 열람실, 세밀하게 배분된 평면 위의 방안지로 조각된 칸막이도 각방의 기결수처럼 체념의 헤아림도 없는 소등의 구체성은 진부한 고독과 폐소공포증이다

 겨울날 산 능선, 완고한 바위를 끌어안은 연초록 적송도 존재의 양면성과 다급함은 삭풍에 버려진 상고대 칼날 같은 치열함은 소멸의 경계선에 생목이 턱턱 막히는 호흡곤란증이다

 밤을 잊은 도시, 밀려온 밀물에 쓸려 건너온 설움은 세상 속에 휘둘려 석양 모래톱 고랑을 후벼낸 은신처 앞 낯선 나를 찾는 수소문은 모두 흘러내린 모래시계에 갇힌 바람이다

가을이고 싶습니다

가을이 오면
삶의 언저리를 멀리 떠나고 싶습니다
텅 빈 가슴으로 향한
애환의 그림자

누군가를 향한
얇은 외침으로 들려옵니다
삶의 행상으로 어딘가를 헤매는 기억들
어스름 녘
머물 곳 없는 메마른 슬픔입니다
초저녁 달빛도 얼굴을 붉히며
공허마저 품습니다

산 넘어 불어온 바람도
죽음보다 먼 곳으로 떠나면
비린 계절의 목소리만 남겨놓은
저만치 다가선 가을이고 싶습니다

3

3

추억

동행을 삼켜 버린 지 오래다
어둠을 움켜쥔
호롱불 밑에서
벗어나지 못하던
흐린 눈
그물망 기워 두툼해진 양말이
엄니의 고뇌인 줄 몰랐다
이제 당신의 품안에
들어설 수 없는
나를 따돌린 한 세기
습한 묘지 앞에 서면
저만치서 걸어오는 유년
마련 꽃향기는
엄니의 사랑

어머니의 미소

철렁 철렁
엿장수 가위소리에 누런 콧물 훌쩍이며
맛배기 엿 조각에 혀가 동 하여
엿판을 못 떠날 때

함지박 머리인 엄니 무심코 지나치다
철부지 나는 엄니의 치마폭 부여잡고
철그럭 철그럭
가위소리에 이끌려 간다
엄니의 고쟁이 속 얼룩진 쌈짓돈
동전 한 닢 손에 쥐고 배시시 웃는다

춘궁기 헛구역질 잘도 참고
새벽닭 울도록 매운 시집살이에도
함박웃음 놓으시는 울 엄니

왜 이럴까

보일 것 다 보이는
목숨의 언어들은
머리 위에 앉은 구름과 같다

푸르던 솔숲
귀를 울리던 새소리
노래처럼 흘러가고

차창에 걸린
하루치의 삶
고요에 둘러싸여
다만 침묵할 뿐인데

눈을 떨게 하는
어제를 되짚어 보니
어슴푸레 비춰오는
앞산이 있어
가슴이 먼저 시를 쓴다

홀가분해지는 시간 속에서

　들고양이의 시간, 임무를 교대하는 하이에나처럼 음모와 순간을 어둠속으로 노리며 잰걸음들이다. 내 단 한 번의 목숨에 단 한 번의 마주침이다. 너와 나의 보행을 가로막는 것은 각종 건물 지하의 뼈들이 아니라 자꾸 시선을 빼앗는 저 눈빛이야, 나의 혼잣말을 누군가 들을세라 얼른 어둠이 짙어지기를 바랐다. 이제는 몸 없이 시선에 자꾸 묻히며 애도하고 가는 어둠들. 나의 몸은 낮과 밤이 아니라 그저 잠깐의 어둠에 사그라지는 마지막 숨고르기만 있을 뿐이다. 이제는 지하의 봉분 속을 파고드는 들고양이는 뼈도 없고 살도 없다. 아무데도 깃을 내리지 못하는 한 자락의 마지막 어둠이 홀가분하게 사르는 내 주검 속에 잠시 반짝이다 사라진다.
　정체 모를 슬픈 늪 속으로

존재는 착각인가

4월을 월담한 바람이 피웠던 꽃은
천번 만번 죽었다던 저승사자다
그 꽃은 착각으로 점철된 존재의 다리만 앞세우나 보다
봄날 노을 진 허공에 들어선
도심의 우듬지 끝에 곤고함을 구겨 넣고
어두운 북쪽을 바라보는 생을 부인하려 사위는 꽃
꽃잎이 하늘로 날지 못함에 밤을 새워 절망했다
그 원혼을 담고 무기수로 살아가던 늙은 꽃은
아버지의 아버지 같은 삶에
있어도 없음이고 없어도 존재하는 의미에 곡했다
이제는 한 잎 두 잎 자진하는 참혹한 모습에도
침묵하는 자목련 밀랍 같은 착각 속에
나는 부표 없이 엉클어진 밀림의 발원지를 찾아
음표와 음표 사이를 지나친 메트로놈 되어 쏘다닌다

동전

찬바람이 밤거리를 점령하고
번쩍이던 도심의 불꽃이 사그라지면
알 수 없는 깊이의 잔재가 나뒹구는
도시의 집단 현기증에 소통이 단절된
내일이 문드러진 낙오병에
눈길조차 주지 않는다
너도 한때
몸을 살라 행복을 낚아 주더니
지금은
싸늘한 의식이 피부 깊숙이
파고드는 허망함에 휩싸여
하늘 향해 누운 채
세속의 욕망에 무참히 밟히며
옛 추억을 버린다
깊어가는 가을날
길마득 사거리 한 모퉁이에
모든 것이 잘려 나간 변색된 삶이
자신을 스스로 포박한 포로가 되어
산화를 요구하는 칼질의 흔적들인가
오늘도

어제를 밀쳐낸 포장된 생명 하나가
헐벗은 알몸으로 과거를 되씹으며
떼구르르 뒤집힌다

유목遊牧

어둑살이 무거워지면
나는 독한 술을 포옹한다
부서지지 않으면
깨어나지 않는 건지
도심에 진주한 밤에
지하철 막차를 기다리며
내 길러온 생의 불꽃
진정 다르게 살고픈 오늘
자목련 날개 추락하는 날
내일로 궐기한 무의식 속 갈증
시원에 유목 되어
마른 늪에 빠진다

고독사

　닳고 닳은 세월이 흐르다 허공의 뒤편에 남을 수 없는 더듬이의 촉수는 고단함을 가득 메우고 대기로부터 피눈물을 흘리더니 어느새 사내의 빈방으로 들어와 눈과 귀를 멀게 한다 그다지도 숨 가쁘던 곤고함은 뒷산에 하얗게 핀 꽃들도 시들어 떨어졌다 벼랑 끝에 펼친 홀로 선 외로움에도 세상은 붐비기에 화사하다 도시의 다리 위로 부서지던 야박함의 열기는 해안까지 밀려왔다 걷혀졌고 고적감이 깊이 스며든 지하 단칸방을 내려다볼 수 없는 버짐 같은 쾌적한 삶의 유영에 외면과 차가움 들은 영혼과 통화하는 저승의 하데스도 침묵할 뿐 주검의 수평과 수직이 열리고 닫힌 실체가 다가섬이다 싱크홀로 들어선 사내는 멧새 되어 하는 말 에이 참내!

북창동 연가

저 파아란 어깨 맞대고 무리져 일어서는
들꽃들처럼
마음 깊이 새겨진 그대와
이제 헤어져야 합니다
바위를 끌어 안은 저 절벽의
완고한 연초록 적송 같은
그대와
이제 헤어져야 합니다
밤을 잊은 도시는 번쩍이며 돌아가고
매운 바람 불어도 산이 좋아
저 동해의 깊고 푸른 흙을
일생 짊어다 높은 봉 쌓았던
그대와
반 백년도 서러운 마산집 한 켠에 앉아
석별이 아쉬워 술 한잔으로 달랩니다
석양녘 물 이랑이랑 거스르는
뱃머리에 앉아 눈을 삼으니
날아야 할 하늘 아래
그대가 오롯이 날개를 펴고 있습니다
먼 훗날

우리가 이미 더 흘러 내릴 수 없는
모래시계 병 속에서 멈추는 날까지
수 없이 함께한 사연들을 엮어
영혼으로 함께하는
아름다운 추억이라 말하고 싶습니다

강가에 서면

전곡의 한탄강 벼랑 외진 농막은
뜨거운 언어들이 흐르는 순한 강물을 지녔다
옆으로는 침묵을 위로받을 절벽도 가졌다

앞산 여름 볕을 막아선 난간에서
마음껏 바람에 기대어 본다
문득, 절벽의 심장 속으로
모질게 씻어 들고 온 하얀 목숨
끝없이 날고 싶은 명치에 걸린 음모이다

강물을 가르고 휘젓는 새가 있어
이승과 저승의 문을 사정없이 두드린다
날아라, 날아라, 어서 날아라
강가의 소리를 들을 수 있게
치솟아 날아올라라

물결을 벗어난 바람의 마디에
내 안의 욕망을 벗은 걸부쟁이 되어
속울음 가득한 강가를 배웅하리라

연蓮 익는 늪에 오면

뜨거운 기류위에
부유하는 목마름은
관곡지에 잔허리 내린
고요의 미약이네

늪이 밤빛에 건네고 있는
살굿한 말은
시궁창 속에서도
연잎이 되었네

소택지를 덮고 크는
물이끼의 멍든 가슴,
덧쌓인 삶에 켜켜이 들어붙어
고독한 회한들이 쌓이네

*관곡지 : 관곡지官谷池는 경기도 시흥시의 향토유적 제8호이다.

사라진 궤적을 찾는 발자국인가

스치는 인연과 만남의 표면에서 살아난 숨결과 눈빛의 살들이 부대끼며 엮는 선함의 실오라기들, 이 모두를 나의 가슴에 품기에 잠도 오질 않았나 봅니다.
구름이 부슬부슬한 휴일 아침이면 비가 온다는 날씨 예보를 듣고 나왔지만 맑은 햇살이 그립습니다.
문득 길바닥이 갈라진 갈증 같은 헛헛한 마음은 잦은 유산에 헛입덧 돋는 간절함입니다.
늘 도시와 불화하며 몸을 비틀고 늘 기웃거리고 치고 달리는 사람살이의 구석구석을 포진하며 끌어안고 온 시간이 얼마인지 모르겠습니다. 지금 나의 빛바랜 종잇장 같은 가슴을 위해 숨통을 틔우는 세상의 디딤이 이곳인가요.
그간 나에겐 가녀린 빛도 없어 어둠이 다가올 때 흐르다 멈춰선 구름과 방향을 잃고 솟구치는 세찬바람은 산새의 울음소리마저 재우는 아득하였던 기억들은 깜박임의 순간들입니다. 본래 의도되지 않았던 삶의 여정에서 풍요롭고 싶은 나의 작고 더딘 애착은 산정에 올라보지 못한 속물적이었나 봅니다. 세속 도시를 떠나 방설임 없는 날카로운 폭포를 마주하는 산정에 올라 쇳녹을 벼려내는 숫돌질에 몰두합니다.

그래서 휴대폰 벨소리인 금속음에 중독되어 귀를 쫑긋 세우는 새들이 시방새인가요.
새들의 둥지는 지붕을 이지 않으며 쏟는 비에도 죽지에 부리를 묻는 치열함은 사라진 태양을 기다리는 움츠림입니다.
푸르고 푸른 것이 하늘이 아니고 또 아득하고 아득한 것도 하늘만이 아닌 그 모두를 온통 감싼 것은 바로 마음인 것을 그리고 궤적인 것을 알았습니다.
지금도 함석다라이 벽쪽을 촘촘히 막은 칸막이 한 곳을 향해 끊임없는 자맥질하는 물방개의 헤엄을 쫓는 눈망울의 맑은 빛을 따라 가고 싶습니다.

고사목에 돋아난 촉수

너는 생을 잃은 지 오래다
사람들이 지나칠 때마다 부끄러움에
몸을 움츠리는 것을 나는 안다
죽은 너의 몸에도 한때 푸르름이 있었겠지
사지를 뻗어 오르다만 가지 끝에 걸린
죽은 잎새만이 너의 촉수이다
이끼 켜켜한 바위 사이로 깊숙이 뿌리를 묻고
기회의 미명을 숨기고 있는 너
네 안에 각인 되어 있는 산 계곡을 가득 채운
물 오른 숲들의 파란 여운들
모든 것이 마비되어 버린 차일막이다
속이 빈 너의 몸속을 내통하는 바람결에도
짙은 서러움이 흘러나온다
지금도 생이 다 한지 모르고
응고되어 버린 세월 속에 부유하는 두려움
죽어서야 죽음을 안다는
너의 기민한 촉수가 뉘숙을 구른다

하데스 명부에 부유하는 미명인가

이수역에서 그리 멀지 않은
뒷골목 이층 커피숍
삐꺽이는 계단을 올라 창가에 앉는다
멀리 빌딩 사이로
일상의 검붉은 눈들이 분열하고 명멸한다
하루를 갈무리 지울 수 없는 나는
삶이 흐려진 독기와 어둠으로 투영된다
이랑이랑 조각난 욕망들
불쑥 내민 저마다의 앙금처럼
작은 불빛의 머금음도 소태 같다
비등점을 잃고 속앓이에 태열을 발하며
온몸으로 밀고 나가는 이 고통의 항진도
어차피 하데스의 삶인 것을…

희끄무레한 흔적들

적요의 기류 위로 흐르는 미명은
나의 곤고하던 소슬한 모습으로
길 위에 갇혀 응집되어버린 삶
마디마디 깊은 슬픔과 내통한다

설익은 하나의 꿈을 이루기 위해
기다림을 품은 나선형의 시간은
거치른 돌길 모서리에 깨어져
세속적인 경사각도 밀막지 못한다

생목이 턱턱 막히는 빛바랜 혼돈은
능선에 갈개 치던 칼바람이다
마른 늪 지하에서 끄집어낸 수면으로
튀어 올라 포자처럼 터지는
비련의 앙금 같은 서글픔도
소용돌이 삭풍에 눈 갈기처럼 흩날린다

팔만나락 켜켜이 저민 회한의 발자취
산안개 갈개 속으로 함몰되어
멧새 되어 날고 싶은 끈질긴 가위에 눌린다

도심에서 밤빛을 덮고 산다는 눈먼 새처럼
기억에서 연소되어 버린 사활이
희끄무레한 흔적으로 남는 몸짓인가

목넘이로 저며 들다

가끔은 들숨과 날숨이 정지된 꿈을 꾼다
그날은 인식의 모반과 착란된 감각으로
푸르름이 우뚝한 숲속에 스미면
밝던 빛은 저만치 멀어진 음영이고
다가가면 빛은 깊어져 물러난다
빛을 쫓아 들숨이 돋으면 숲은 숨이 되고
설음이 돋아 날숨을 뱉으면 숨은 숲이 된다
살아서 작동하는 몸을 떠난 시간은
숲을 잉태한 빛의 바램과도 같다
시간은 바람 속에 길어지고
마음은 흩어져 숲속에 흡수된다
그 언저리에 돋아나는 풀들아
나를 따르던 분노와 절망의 그림자들을
저 숲들의 목넘이에 저며 다오

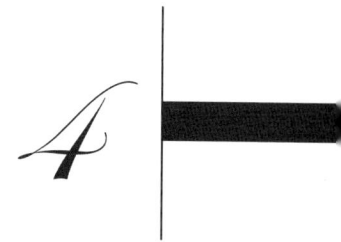

4

지하에 돋아난 쇄말적인 괄목들

 눈독이 도져 눈병을 앓으니 바람을 보지 못해 단체 사진 속의 동공이 하얗게 포말 하는 풍경에 초점을 잃었다. 아침에 낀 백태 같은 눈곱은 해가 저물도록 비벼서 곤죽이 되고 지하에서 올라오는 뾰족한 바람은 눈시울을 찌르며 무임승차한 지하철 광고판에 새로이 돋아난 까만 눈들이다. 밤새 자라나는 생쥐의 앞니로 바스락거리며 파 들어간 지하공사장의 쇠말뚝들 지하의 아킬레스건에 박히며 멈춰 섰다. 강남 지하세계의 등고선 각질이 푸른 칼날에 베어져 함몰하는 시커먼 눈을 가진 동공들 또 눈병이 도졌다

두물머리

삶의 독기를 이끄는 나와 이끌리는 나를 합쳐도 인지할 수 없을 것만 같은 날. 비마저 뿌리는 양수리 두물머리에 갔었지. 중증장애를 가진 뇌병변 아이들 하체 마비 청년들 뇌경색의 후유증 어른들 온몸을 쓰지 못하고 워~워 소리만 지르는 은석이와 봉사한다고 나온 사회복지과 학생들을 데리고 갔었지. 낡은 시간의 몸이 되어 얼빠진 밥벌이의 지겨움에 삼십 년 동안 한 번도 가보지 못했던 그곳. 400년 되었다는 느티나무의 꼿꼿한 직립으로 물안개에 그을린 거미 냄새나는 여운을 만나러 갔었지. 죽음인지 삶인지 고목인지 낙엽인지 오래 묵은 냄새가 푸근했었지.

나를 알 수 없는 날 내 아이보다 하루만 더 살게 해달라는 은석이 엄마 염원의 바퀴는 곤죽이 되어 당제를 지낼 도당할배 주위로

뱅뱅 굴러갔었지. 합쳐짐을 떠난 앞선 물이 맹렬히 기화되어 다시 이곳에 자진하듯 불시착한 빗방울에도 느티나무는 앉은뱅이로 홀로 너울 속에 부표 되어 수채화를 그리고 있었지. 그 위에 북한강의 물들과 남한강의 물들이 부딪쳐도 침잠의 아우성을 삭히는 물밑 깊숙이 물안개 가득한 곳이었지. 금대봉 기슭을 지나 아우라지를 나선 뗏목 사공과 두물머리 나루로 흘러들었다던 남한강 뗏목의 무리를 품고 금강산 비로봉에서 발원하여 북한강 파로호의 수많은 젊은 원혼들을 싣고 온 물들이 합치고 비벼져도 고독하다는 그 나무를 만나러 갔었지. 곧 사위일 육신이 고단한 시간의 종착지 같은 휠체어에 나의 온몸을 끌려서 더듬더듬 눈병이 도졌었지

나는 숲에 사는 족속이다

나는 북한산 참나무 숲을 품고 산다
상수리나무 떡갈나무 갈참나무 굴참나무 신갈나무들의
푸르름은 거칠게 싱싱하다
이 나무들의 이파리들은 부드러운 치장으로 시간을
보내지 않고 여름의 검푸른 초록을 향해 거침이 없다
그래서 이 숲의 이파리들은
젊은 청년의 억센 근육 같은
잎맥을 지녔다
검푸른 초록의 숲은 안개 같은 아련함이 아니라
여름의 무성함으로 이루는 강하고 진한 숲이다
이 숲에는 계산 할 수 없음을 계산하는 무게와 순도를
계속 덧칠해 가는 내음이 있고
몸을 엿보려는 바람에도 밀어 올리는 뜨거운 억셈의 극단을
나는 그 숲에서 탄생과 죽음의 움막에 깃들은 족속이다

길 위에 길들

    감추어진 삶과 드러나는 삶이 합쳐지고 포개진 길 위가 인사동이다. 그 길은 아주 넓어서 쪼아놓은 바위들과 포플러나무와 은행나무도 깃들어 산다. 인사동 길은 직선형으로 펼쳐진 체계를 이루며 곡선형의 뒷골목이 있다. 직선형 길은 언제나 유교 문화와 토속생활 도예와 서예 인간과 자연이 삶을 조화하고 공존한다. 언제나 그 길은 넉넉함이 있고 펼쳐짐이 있으며 그 길을 따라 나아가면 뒷골목의 맞닥트림이 있다. 그 길은 부드러운 길로 굽이가 순하고 넉넉한 막아섬이 있다. 인사동 길 위에는 열어줌과 닫혀짐의 문들마다 옛것 삶의 꿈을 구현하는 집들이 겹쳐지고 붙어서고 마주보고 외로 앉고 열어주고 닫아주고 살아간다.

    그 길을 따라 인사동을 찾은 관광객들은 유가적인 삶의 풍요함과 화해로운 질감을 누리는 무대로 삼는 조화를 이루는 길이 인사동 본질이다.

    그 길은 삶을 연결하고 차단하며 생사가 명멸하는 장구한 시간 속을 흐르는 길 위의 길에서 세계를 보듬으며 늘 새로운 시간과 새로운 길로 한없이 나아감은 자명하다

아이거북벽 속에서

나에게 가위질 된 그림으로 존재하던 스위스

인터라겐역 레일의 쇠 비린내에 스며든 빛과 어둠들
땅속을 파고든 나선형의 소라동굴을 타고 오르는 냉기도
지친 여행자의 부스러기로 표백되었다

아직은 온기가 남아있다는 이상한 나라의 얼음궁전
수은빛 수정을 지르는 그 현란함도 의도된 명멸들이다

알프스 고공을 뚫던 갱도에 갇혀 산화한 무수한 영혼
아이거북벽 암벽 속을 끊임없이 오르던 착암기 소리도
슬렁이는 흐릿함에 다 흘러내린 역사의 모래시계인가

터널기차에 몸을 주고 직벽을 타고 오르는 톱니레일에서
흔들리는 굴절을 동반한 내 몸을 몇 바퀴 채 감아 돌던
고소의 아득함에 그나마 직시하던 시력을 잃었다

1936년 아이거북벽 등정 중 악천우로 포기한 하산길
캐러비너에 엉킨 자일을 풀 수 없어 매달려 이루지 못한
비운의 등반가 독일의 토니쿠르츠의 죽음도
융프라우 4,158미터 정상으로 고개를 내민다

∞ 알프스 삼대북벽은 아이거, 그랑죠라스, 마트호른으로 클라이머의 꿈인 알프스의 삼대 북벽이로 한 번은 오르리라 꿈을 꾸는 곳이다. 바로 노스페이스의 3개의 둥근 반원이 의미이다.

봄날이 눕다

 봄날 설핏설핏 내리는 여우비를 거머쥐고 산에 올랐다. 능선에 서서 저 멀리 숲을 녹이며 날아오르는 꽃불을 본다. 남쪽 관악산을 덮은 열기는 서울의 도심에 진주하여 뿌리를 내린다. 그 꽃들은 바람의 숨소리에도 민감하게 북한산 틈새까지 잠입해 온몸을 흠뻑 적시는 현란함이다. 그 꽃불의 잔물결은 건너편 계곡으로 돌계단을 타고 올라 능선마저 달구니 고향의 하늘과 옛 언덕이 되었다.
 지평선 너머로 헌 신발처럼 말라가는 고향 낚시터에 찰박이던 물소리가 점점 아련해지고 카바이드 애끓는 간다라 불빛처럼 봄꽃은 여운처럼 주어진 시간 속에 공평하게 피고 있다. 북한산 넉넉한 틈새에서 박꽃 같은 어머니의 들뜬 목소리에 짧은 봄날이 눕는다

희망이라는 꽃

붉게 절규하는 그대는
낡은 담장 한편에 몸을 기대면
향기도 없고 흔적도 없지만
어둠 속의 별빛으로 빛난다
사라져 버렸다고
존재하지 않는 것은 아니다
밝음이 어두워서 보이듯이
우리 모두를 빛 하나 의지한 채
그대를 그리워하며
매일 사라져간 시간 아래 뒤척이다
날 밝으면 그래도 희망의 꽃 한 송이
가슴에 품고 오늘도 문을 나서지

아들아

지금도
네가 깃이 젖어 펴지 못할 때
내가 불꽃을 지핀 순한 나무 되어
따스한 잎을 돋워 너의 온몸을 말려 줄거야
너는 산 능선 따뜻한 바위에
계곡 자락을 덮고 누워 편히 쉬렴
날지 못해 불안하고 슬픈 마음을 내려놓으렴
곧 아프로디테의 강의 시간이란다
아들아!

들매끈

쏜 화살처럼 아득한 세월의 말미에
이미 지워져 버린 흔적을 뒤적이며
존재를 찾는다고
된 채찍질만이 존재인 양
비워내고 고요를 품는 법을 잊었다
늦은 가을밤 텅 빈 하늘에
가물거리는 별빛을 다독이며
앙다문 들매끈을 느슨하게 하고 싶다

봄바람

바람에 날려 새벽을 끌고 온
앞머리 없는 언어는
금병산 실레길에서
복만이가 계약서 쓰고
아내 팔아먹던 고갯길

개울가 바위틈에
겨우 핀 아기진달래
눈 감고 들여다보니
세월이 나를 발견했다는 말에
하늘이 계곡물에 감기고
능선 고압선이 부들부들 떨고 있지
노란 봄바람에

봄

우수수!
꽃봉오리 떠난 꽃잎이
산뽕나무 새순을 스치자
화들짝 놀란 다람쥐가
물오른 종려나무 줄기로
꼬리를 감추는
나른한 오후

까투리 새끼
밤새 어미 깃 속 생각나
솜털 보르르 옴츠리며
비악비악
봄에 겨운 눈빛 부끄러워
숨길마저 멈춘다

봄의 묵시록

섣달 동백은 아직도 눈 속에 타는데
춘삼월 동백은 낙화를 기다리지 못해
선홍빛 속살로 불을 지피고

물에 뜬 새벽달 아직은 차가워도
허기에 지친 버들치 집적이고

흐르던 한 조각의 흰 구름마저
달을 가렸다 별을 싸안다 하는데

잠에서 깬 물이 푸르니 나뭇가지도
하늘 푸른 것 알고 뼈를 아파하니

고향의 진달래도 서둘러 피겠구나

산으로 간 물고기

한계령 고개가 허리를 접었다

서북능선으로 치솟은 폭설 속 철 계단을 내딛지 못하고
눈 속을 헤엄치는 물고기들 좌표를 잃었다

쇠 발톱에 의지한 산으로 간 물고기
화살 같은 능선에 몸을 엎드린다

삶을 내려놓던 아비의 표백된 정강이 부정맥이
설악 속살에 묻혀 오불꼬불 불끈 솟다 끊겼다

산 여울마다 강물이 흘리고 간 발자국들
날을 벼린 칼바람 포승줄에 묶인다

깊어 헤엄치지 못하고 높아 날지 못하다
대청봉을 오려내고 중청대피소에 닻을 내린다

가슴을 붉게 달군 산턱들이 저 시커먼 동해에
백야에 헤엄친다는 산 여인의 넋두리가 하얗다

잉여인간

도시의 현란함 속에 나는 혼자였다
한밤인데도 낮달이 아직 하얗다
스치는 바람에도 부스러지고 마는 그 허무한 흔적
아직 나의 전기는 완성되지 않은 걸까

시커먼 아궁이에 정갈한 재가 되지 못한 찌꺼기로 남아
들꽃 같은 뒷모습을 덤으로 받나 보다

그래서 밤이면 종점 동네 낡은 지하다방에 앉아
소주 한 병에 양육되나 보다

지금이 어디인지 어디로 가는 건지
필름이 끊긴 망각은 겹으로 피어오른다

추궁하는 알리바이를 댈 수 없어 삶의 뼈
마디마다 구경꾼을 피해 등을 엎드린다

여기저기 소리에 민감한 화살들이
너는 남아도는 인간이야
무성영화 속에 멈춘 바람소리를 밥처럼 먹다
언어로 표현되지 않는 시를 발아시키나 보다

휴대폰

부르르
빈방의 고요를 꼭 쥐고
기다리던 숨죽임
처서에 모기 주둥이 냉가슴 치며
지독한 천식을 앓는다

황급히 귀를 말아 달고
몸을 열어 맞이한다
잘 오린 꽃잎 꽂은 청첩장
검은 만장 블랙홀의 부고장
대책 없이 달려 나간 신용카드청구서
본 적도 없는 오빠라는 외설스런 반가움
감당 못할 목소리 감추고 있다

휘발성 적막과 설레는 가슴속 파아란 콩밭에
하이얀 와이셔츠 벗은 몇 년이 흘러도
미련곰탱이 소리 듣는다

산방굴사에 달빛 되어

기암을 파고들던 솔바람이 머뭇거리는 시간

법당도 객사도 없이 깎아지른 절벽 굴속이다
손톱으로 아득아득 긁어낸 가파른 돌계단에
몸은 사라진 소망 기원 푯말만 무성하다

이름 하나 남은 촛불들 염원 밝히고
오래된 촛농은 굴속에서 먼 세월 거추장스럽다

벼랑 끝 노송에 사는 텃새 한 마리가 허공을
고꾸라지듯 날아 용머리해안을 파고든다

낡아가는 실 납 같은 추억은 시린 하늘에 걸리고
반석 위에 가부좌로 내려다보는 돌부처 하나
석굴 한 틈에는 맑은 물방울이 여정에 고인다

존재는 모두의 그림자 위에 소멸하듯
올려본 시선은 방향을 잃었다
허공 속에 보였던 실루엣 같은 그 무수함도
수평선 너머 풍랑에 달그림자 비추면
아내의 처연한 백팔배가 산방굴사 벼랑 끝 달빛 되었다

해설

| 해설 |

가파른 삶 위에 쓰는 서정의 힘
– 장수현 시집 《아내의 머리를 염색하며》를 중심으로

김경수
(시인 · 문학평론가)

1. 들어가며

 현재를 세계사적으로 본다면 공존과 통합의 시대이며 IT(정보화시대) 강국이 세계의 경제를 주름잡는 다양하고 복잡한 시대라 할 것이며, 저탄소 녹색성장과 함께 환경에 대한 인식의 제고를 통한 지구를 살리기 위한 시대라고 말할 수 있다. 또한 오늘날 우리가 사는 사회는 고실업률과 함께 경제적으로 몹시 어려운 시대이다. 그런가 하면 4차 산업을 이끄는 인공지능(AI)이 작품을 쓰고 작곡을 하고 직접 노래까지 부르는 시대이다. 최근에는 AI 미인대회도 열린다는 기사를 보았다.

그렇다면 과연 오늘날 문학에서는 아니 구체적으로 현재 우리 시에서도 가장 절실히 요구되는 것은 무엇인가를 생각해 볼 필요가 있다 할 것이다.

대다수의 시詩 독자들은 아름다운 삶의 본질이나 자연을 읊은 서정적 내용의 시를 사회현실이나, 현상을 노래한 시보다 더 선호한다는 내용의 조사를 오래전에 신문기사를 통해 읽은 적이 있다. 어렵고 난해한 시 보다는 어느 누가 탐독하더라도 마음에 감동이나 메시지를 느낄 수 있는, 즉 비교적 일상생활에서 가까이 접하는 쉬운 언어를 통해 명상의 시간을 갖는 것이 더 좋다는 이야기 일 듯싶다.

시를 쓰는 마음가짐은 이처럼 어렵고 고된 작업임이 분명하기에, 마치 종교인이 믿음의 대상을 향해 심신心身을 바치는 것이나 조금도 다름이 없는 작업이다. 위대한 시인은 항상 조화의 시기를 부릴 줄 모르며-순수한 인간 감정을 표상화表象化한다고 보면, 시창작의 정신은 세세細細한 사물의 형상과 소리, 그리고 인간의 희로애락喜怒哀樂의 조화된 정신을 언어라는 문자를 빌려 표상화시키고 있다. 산문이 평범한 삶의 관조를 나타내는 것이라면 운문은 창조이며, 지적知的 창작이다. 또한 시는 모든 것을 다 풀어놓는다면 시의 맛이 없을 것이다. 시는 적당히 감추고, 또 적당히 함축시키고, 더러 과감히 생략하며 어떤 이미지를 그림자처럼 보여줌으로써 잔잔한 감동을 하게 하고 그 감동이 마음속에 오래 남아있게 하는 것이 진정 좋은 시詩일 터이다.

다시 말해서 서정시의 가장 서정시다운 모습이란 무엇인지, 서정의 힘은 어디에서 나오는지 여기서 잠깐 이숭원 시인의 말을 조금만 빌려 보도록 하자.

〈서정시라고 해서 감정을 노래하는 얄팍한 소품만을 생각해서는 곤란하다. 서정시는 인간의 삶을 반영하기도 하고 현실을 비판하기도 하고 아름다운 세상의 모습을 먼저 제시하기도 한다. 서정시는 사람의 마음을 변화시키고 세계를 변화시킬 수 있는 힘을 지니고 있다. 그와 아울러 거기 담긴 언어와 정서의 아름다움은 상처받은 인간의 영혼을 위무慰撫하고 그것을 더 높은 차원으로 고양하는 승화의 기능도 함유한다. 문학에 뜻을 둔 사람들은 인간 부재, 인간 상실의 시대에 맞서서 이러한 서정시의 힘과 아름다움을 옹호하는 데 더 큰 관심을 가져야 할 것이다.〉

위 예제의 글에서 서정시가 가지고 있는 특성들을 썩 잘 표현해 놓은 것 같다. 이를테면 서정시는 흔히들 감정이라고 통칭하는 마음의 움직임을 전달하는 양식이라 할 것이다.

시가 외롭지 않기 위해서는 무엇보다도 삶의 소중한 체험을 아름답거나 진솔한 언어로 내면의 세계를 객관적 측면으로 내놨을 때 그것이 자연이든 인간이든 또 다른 어떤 사물이

든 간에 언제나 마르지 않는 창작의 샘물이 솟아난다고 할 수도 있을 것이다.

2. 육친의 그리움과 내면 성찰의 시화詩化

이번에 두 번째 시집 《아내의 머리를 염색하며》를 상재 하는 장수현 시인은 이번 시집에서 모친에 대한 상실과 그리움, 주변의 일상과 환경에서의 서민적 삶의 의식, 자연사랑, 자연 친화감에 바탕을 둔 서정성의 증대를 토대로 한 자신의 내면 감정을 토로하는 성찰의식의 시화詩化 작품이 대부분이다.

장수현 시인의 시의 세계는 참으로 조용하다. 마음 흔드는 것을 그는 늘, 산에서 찾는다. 그의 산행 실력은 그의 마음에 깔린 자기 존재에 대한 물음만큼이나 치열성이 있다. 그가 발표하는 시들 다수가 이 범주에서 크게 벗어나지 않는 것도 이 때문일 것이다. 여기서 다룰 작품 또한 그의 시작 초기에서부터 지금까지 보이는 자연사랑, 가족에 대한 그리움, 자연 친화감에 바탕을 둔 서정성의 증대를 토대로 한 자신의 감정을 간접적으로 토로하는 작품들이 대부분이다.

그의 다음 작품을 보도록 하자.

동행을 삼켜 버린 지 오래다
어둠을 움켜쥔
호롱불 밑에서
벗어나지 못하던
흐린 눈
그물망 기워 두툼해진 양말이
엄니의 고뇌인 줄 몰랐다
이제 당신의 품 안에
들어설 수 없는
나를 따돌린 한 세기
습한 묘지 앞에 서면
저만치서 걸어오는 유년
마련 꽃향기는
엄니의 사랑

-〈추억〉 전문

 자칫 했다가는 추억이란 제목만 보고서 그냥 지나쳐버릴지도 모를 작품인지도 모른다. 그러나 꼼꼼히 들여다보면 화병花瓶 속에 분명 향기 나는 꽃이 들어 있음을 발견할 수 있다. 이 작품에 나타나는 가족에(특히 어머니) 대한 정서는 뒤에 이어지는 〈어머니의 미소〉〈봄날이 눕다〉 작품에서도 지속하지만, 그의 시 정신은 확실한 방향성과 명증한 표현을 획득한다. 여타 다른 작품에서 많이 발견되고 있는 어머니에 대한 지속적 사랑과 인식이 주체화되어 있다. 특히 화자는 이곳에서 현실적 삶의 연약함을 어머니의 과거 모습으로부터 자아의 경험적 부피 속에 떠오르는 사실적 상황들을 조용한 울음으로 내면화하고 있다. 마치 잔잔한 호숫가에 이른 저녁쯤 피어오르는 안개와 함께 어우러진 풍경화 같은 지극히 절제된 감정으로 말이다. "이제 당신의 품 안에 들어설 수 없는/나를 따돌린 한 세기/습한 묘지 앞에 서면 저만치 걸어오는 유년 / 마련 꽃향기는 엄니의 사랑" 그렇다 한 세기가 지나도 엄니의 사랑은 잊으려야 잊을 수가 없다. 따듯한 아랫목은 아버지께 내어드리고 찬 공기가 흐르는 윗목에서 눈을 크게 뜨고 헤어져 구멍이 난 양말을 기워 주시던 엄니의 깊은 마음을 이제야 스스로 모성母性의 공간과 시간을 포착하여 그것이 "엄니의 고뇌인 줄 몰랐다"라고 자기 고백적 말을 하고 있다. 그는 이처럼 단순한 가족에 대한 이해나 생각을 이야기하는 것이 아니라 현실에 대한 인식과 어머니에 대한 사랑의 실천이며 새로운 내면의 인식이 함축되어 있다 할 것이다. 이처럼 그의 시가 보여주는 바와 같이 서정의 아름다움을 읽을 수 있는 대목이다.

  한편 또 다른 그의 작품 중에서 어머니의 미소를 보기로 하자.

철렁철렁
엿장수 가위소리에 누런 콧물 훌쩍이며
맛배기 엿 조각에 혀가 동 하여
엿판을 못 떠날 때

함지박 머리인 엄니 무심코 지나치다
철부지 나는 엄니의 치마폭 부여잡고
철그럭 철그럭
가위소리에 이끌려 간다
엄니의 고쟁이 속 얼룩진 쌈짓돈
동전 한 닢 손에 쥐고 배시시 웃는다

춘궁기 헛구역질 잘도 참고
새벽닭 울도록 매운 시집살이에도
함박웃음 놓으시는 울 엄니
　　　　　　　–〈어머니의 미소〉 전문

　이 시는 서정시의 전형적인 모습을 취하고 있다. 그 옛날 저마다 가슴 아픈 사연을 간직한 겨울밤과 같이 춥고 어두웠던 시절에 배가 고파 잠들지 못하고 늘, 콧물을 흘리며 어머니의 치맛자락을 부여잡고 말라붙은 젖을 빨며 허기를 채우다 잠이 들던 시절을 반추하며 어린 시절의 격량 속에서 인생에 대한 성찰 언어로 이야기하고 있다. "춘궁기 헛구역질 잘도 참고/새벽닭 울도록 매운 시집살이에도/함박웃음 놓으시는 울 엄니" 오로지 가족의 안정과 자식에 대한 무한의 모정으로 한 시대를 살았을 어머니를 생각하며, 엄니의 고쟁이 속에 얼룩진 동전 한 닢을 손에 쥐어주고 배시시 웃었다는 화자의 진실적 고백은 시인이 세상과 삶의 본질에 대해 눈을 떠가는 과정이며 그의 인생에 대한 깨달음이 녹아있는 표현일 것이다. 엿장수의 가위소리를 어머니의 미소처럼 따뜻하다고 보며 엿장수가 준 맛배기(맛보기) 엿과 어머니의 사랑을 동일화한 수법으로 자신의 정서를 주관적으로 드러내는 서성시의 특징을 잘 보여주고 있다. 이러한 풍경은 이미 사라진 지 오래 이지만 엿장수와 맛보기 엿과 어머니 그리고 자전적 화자가 하나의 공간 속에 비록 배가 고팠던 시절이지만 아름다운 합일의 마음을 나누는 장면들이다. 그러면서 화자의 눈에는 아직도 지혜와 고난의 주름으로 살아오시면서도 함박웃음을 잃지 않으셨던 어머니 모습, 그 모습에서 시인으로서의 자기성찰과 함께 가파른 삶 위에서도 가족의 아름다움을 찾고자 함일 것이다. 이제는 모두 보기 힘든 장면들이다. 요즘처럼 사회 각 구석구석에서 일어나는 인간의 본원적 모습을 상실해 가는 인간성 부재의 정황을 비판이나 고발이 아니라도 고뇌와 자적自適의 서정으로 노래하는 것이 현실적 차원에서 시인이 할 일이 아니겠는가 하는 생각이 든다. 산문형식의 또 다른 작품을 보도록 하자.

　봄날 설핏설핏 내리는 여우비를 거머쥐고 산에 올랐다. 능선에 서서 저 멀리 숲을 녹이며 날아오르는 꽃불을 본다. 남쪽 관악산을 덮은 열기는 서울의 도심에 진주하여 뿌리를 내린다. 그 꽃들은 실바람에도 민감하게 북한산 틈새까지 잠입해 온몸을 흠뻑 적시는 현란함이다. 그 꽃불의 잔물결은 건너편 계곡으로 돌계단을 타고 올라 능선마저 달구니 고향의 하늘과 옛 언덕이 되었다.
　지평선 너머로 헌 신발처럼 말라가는 고향 낚시터에 찰박이던 물소리가 점점 아련해지고 카바이드 애끓는 간다라 불빛처럼 봄꽃은 여운처럼 주어진 시간 속에 공평하게 피고 있다.
　북한산 넉넉한 틈새에서 박꽃 같은 어머니의 들뜬 목소리에 짧은 날이 눕는다.
-〈봄날이 눕다〉 전문

　위 인용 시는 기억의 향수를 더듬어 망각하기 쉬운 유년의 고향 의식을 산문형식으로 써 내려간 이를테면 봄에 대한 고향의식의 발로이다. 인간이나 동물은 누구나 태어나고 자란 고향이 있다. 그리고 그 고향은 늘, 어머니의 품처럼 그립고 포근하다. 그래서 "그 불꽃의 잔물결은 건너편 계곡으로 돌계단을 타고 올라 능선마저 달구니 고향의 하늘과 옛 언덕이 되었다."와 "지평선 너머로 헌 신발처럼 말라가는 고향 낚시터에 찰박이던 물소리가 점점 아련해지고 카바이드 애끓는 간다라 불빛처럼 봄꽃은 여운처럼 주어진 시간 속에 공평하게 피고 있다."는 북한산에서의 화자의 감흥은 과거의 일기장에서나 볼 수 있는 그림이나 글로 정겹게 다가온다. 저러한 유년의 기억들은 나이가 들면서 더욱더 새롭게 생각이 나고 무작정 가보고 싶은 곳이 고향이다. 여기서 화자는 고향을 생각하며 흘러가버린 세월 앞에 몹시도 허전함을 느끼고 있으며, 그 허기는 "북한산 넉넉한 틈새에서 박꽃 같은 어머니의 들뜬 목소리에 짧은 봄날이 눕는다."라는 회고를 함으로써 또 다른 삶의 의미를 생명이 되살아나는 봄날에 부여하고 하고 있다.

  다음 시에서도 어머니에 대한 그리움은 낮술을 통해 벅차 오르고 있다.

    비 쏟으니
    더운 낮술 한잔 목젖을 적시고
    닳고 닳은 남의 집 툇마루에 걸터앉아
    내 안의 독을 다스려도 가슴에 도사린
    말에 대한 묵인과 밀어냄이 휘청거릴 때
    피안에 계시는 그리운 어머니가
    수수 빗자루 치켜들고 달려오며 치시는 말

"이 염병할 놈아! 네 에미 잡아먹어라!"
더욱 그리운 날…

-〈낮술〉 전문

 장수현 시인은 이른 나이에 부모를 곁에서 떠나보내야 했던 기억을 항상 안타깝게 생각하며 살아왔다. 이제 그도 어느덧 고희의 세월 앞에 와있다. 그래서 일찍 떠나보낸 어머니에 대한 상실감이 더욱 가슴을 아리게 하고 있다. "말에 대한 묵인과 밀어냄이 휘청거릴 때/피안에 계시는 그리운 어머니가/수수 빗자루 치켜들고 달려오며 치시는 말/"이 염병할 놈아! 네 에미 잡아먹어라!"/더욱 그리운 날… "과거의 가난과 고난의 기억이 현실에서 추억의 모습으로 재생되는 이미지로 위트와 재치가 돋보이는 작품이다. "이 염병할 놈아! 네 에미 잡아먹어라!"는 역설의 표현은 오히려 현실을 위안하고 위로받는 장수현 시인의 시에 힘의 근간이 되고 있다.

3. 가족사랑과 서민적 삶의 생존의식

 장수현 시인은 2004년에 《새벽달은 별을 품고》 첫 시집 출간 이후 딱 20년 만에 두 번째 시집을 낸다는 의미는 2~3년 간격으로 작품집을 출간하는 어느 작가보다도 나름대로 자신의 작품에 대한 확고한 위치를 확보하고 있다고 생각한다.

시를 통해 그리움과 회한의 세월을 접고 삶의 세계를 재발견함으로써 자기구원 즉, 새로운 생의 마지막 정열을 불태울 것을 찾고자 함이다. 그래서 그는 고희의 나이에도 불구하고 시인으로 활동하면서 장애인 봉사와 사회적으로 부족한 분야에서 봉사활동도 열심히 하는 시인으로도 널리 알려져 있다. 요즘도 그는 매주 주말이면 지인들과 등산을 즐기는 마니아이기도 하다.
　이번 시집을 통해 바른 정신과 아름다운 마음을 유지하며 반듯하게 살아온 그의 삶을 엿볼 수 있음이다.

　가족의 사랑 온도는 몇 도나 될까? 아마도 이런 질문에 대한 답변은 여러 모양으로 다양한 대답이 나올 것이다. 그 사랑은 어떤 연유의 사랑이건, 어떤 형태의 사랑이건 우리는 사랑하지 않고는 이 세상을 단 하루도 살 수 없을 것이다. 서로가 상대의 체온과 감성을 느끼면서 사랑을 동경하고 또 체험해 왔다. 그리하여 따스해지는 하나의 일치된 감정들이 마음으로 전해질 때 사람들은 사랑의 온도를 느끼게 되는 것이다. 우리는 일반적으로 빛이 나고 귀중한 것을 보석이라 한다. 또한 보석은 희소가치가 있기 때문에 가장 고귀한 사랑을 받는다. 이처럼 시인의 작품에서는 여러 곳에서 보석처럼 빛나는 가족에 대한 사랑의 시들이 눈에 띈다. 그것은 시인이 직접 경험한 심적 과정을 말하는 것이라 볼 수 있음이다.

다음의 작품을 보자.

　　가녀린 자리옷의 아내가 더듬이를 잃었다

　　까맣던 머리도 밀려오는 파도에
　　하얗게 부유하는 거품인가

　　어느덧
　　아내의 그 곱던 머릿결은
　　세월의 깊이가 너무 아득하여
　　마른 못 속에 젊음을 놓아버렸다

　　아내의 깃털을 뽑아 염색약을
　　촘촘히 발라간다

　　그 가늘고 조촐한 가난을
　　소중히 품고 살아온 빛바랜 시간들
　　다소곳이 앉아있는 아내는
　　목주름과 견골이 깊이 패였다

　　겨우내 산구릉 휘감던 회한의 눈나비 같이
　　하얀 엉클어짐을 염색약이 까맣게 물들인다

어느새 하늬바람이 푸스스 날아와
깃털로 쪼아놓은 머리에 세월을 심는다
나의 빛바랜 침묵을 탕진하는 날에
아내의 까만 머리는 다시 둥지를 틀었다
　　　　　－〈아내의 머리를 염색하며〉 전문

　시는 우리들의 삶에 있어서 이성으로 해결할 수 없는 부분들도 감당한다. 즉 세상과 삶과 인생과의 대화 창구라 할 것이다. 이것이 시의 힘이다.
　위 인용 시는 이 시집의 메타텍스트이기도 하다. 이 작품에서도 시적 화자는 아내의 머리를 염색하며 세월의 깊이 만큼 검은 머리카락이 하얗게 변해버린 현실의 눈앞에서 부단하기만 했던 아내의 삶에 대한 회한과 아픔을 염색이라는 도구를 통해 함께한 세월에 대해 사랑의 온도를 느끼게 한다. "어느덧/아내의 그 곱던 머릿결은/세월의 깊이가 너무 아득하여/마른 못 속에 젊음을 놓아버렸다"에서 보듯이 작자는 아내가 젊음을 잃어버린 것에 대한 공허가 짙게 감돌고 있으며 아주 작은 자세로 정한情恨을 삭인다. "아내의 깃털을 뽑아 염색약을/촘촘히 발라간다"는 화자의 모습은 춥고 쓸쓸하다. "그 가늘고 조촐한 가난을/소중히 품고 살아온 빛바랜 시간들/다소곳이 앉아있는 아내는/목주름과 견골이 깊이 패였다"에서 보듯이 장수현 시인에게 있어서 아내에 대한 사랑은 나보다는 너를 생각하는데 사랑이 있다. 한 여인에의 사랑을 영원히 간직하고 반추하며 회한으로 남편 특유의 인간적 고뇌를 앓고 있는 시인의 면모를 엿볼 수 있다. 그렇지만 화자는 마냥 주저앉아 있을 수만 없다는 것을 금방 알아차린다. "어느새 하늬바람이 푸스스 날아와/깃털로 쪼아놓은 머리에 세월을 심는다/나의 빛바랜 침묵을 탕진하는 날에/아내의 까만 머리는 다시 둥지를 틀었다"에서 처럼 하얀 머리카락이 자신으로 인해 다시 까만 머리로 탄생하기까지의 여정처럼 화자 자신의 빛바랜 침묵을 탕진하는 날(배려와 희생)이 곧 아내가 새로운 삶과 희망의 둥지를 틀었다는 이미지를 통해 가족에 대한 사랑의 온도를 확인하고 있다.

여보, 나이 들어 평생 다닌 회사를 은퇴하니 돈 구경하기가 힘드오. 그래서 궁여지책으로 이곳저곳에서 얄팍이 일하며 알량한 돈 몇 푼씩 받는 것마저도 모두 온라인으로 당신에게 송금되니 요즘 들어 주머니가 더욱 궁색해진다오. 어쩌다 문학작품 심사라도 있어 몇 푼 받아 당신 몰래 책장에 꽂힌 책 중 작고한 천상병 선생의 시집에 감추어 두면서 괜히 아랫도리가 찌릿한 흐뭇함도 들었다오. 그런데 돈 몇 푼이 하얗게 가신 선생님에게 영 죄를 짓는 것 같아 다른 책으로 바꾸었는데 도무지 기억이 나질 않는구려. 그래서 당신에게 말도 못 하고 끙끙대며 책장에 잔뜩 꽂힌 동서고금 서적을 뒤져보고 소설책, 수필집, 시집은 물론 두꺼운 경영학 교재까지 모조리 뒤져도 못 찾았다오. 이마에는 진땀이 나고 눈에는 쌍심지가 돋아 올라 목뒤가 뻐근해지는 걸 느꼈다오. 저녁에 죽마고우를 만나 술 한잔하기로 한 날인데 말이오. 그때 "뭘 찾으슈" 하고 묻는 괜한 당신에게 말도 못 하고 소파에 털썩 앉으며 TV를 켜고 건성으로 신문도 들여다보았었소. "여보 친구 만나러 가게 돈 좀 줘-"하자 "돈 없어요-"하는 대답에 주눅이 들었다오. 서글프오, 사내의 삶이 끌려가는 비극적인 것 말이오. 평생 밥벌이의 지겨움에서 벗어나 조촐한 가난이라도 벗고 이것저것 소일하며 여생을 보내고 싶었다오. 우리는 지금도 돈의 지엄함에 고개를 숙일 수밖에 없나 보오. 이 각박하고 험한 세상에도 난지도 갈대숲에서 날아오른 새들은 이 쓰리고 아픈 세상을 훌쩍 뜨는데 당신과 나는 비정하고 흉흉한 이 세상을 별수 없이 엎드려 있나 보오. 갈대숲을 떠난 새들은 한강을 가로질러 산을 넘고 바다를 건너 아프지 않은 세상을 찾아가는데 말이오. 당신과 함께 걸어온 외줄 인생 42년이 어제 같은데 그 여정을 가슴에 안은 당신과 나의 삶은 돈벌이의 엄중함에 눌려 세상에 뜬 헛말과 빈말에 휘둘린 중구난방이었구려. 여보, 이제는 우리 돈 없어도 꿋꿋하게 살아가요.

- 〈조촐한 여정〉 전문

시 '조촐한 여정'은 서민의 현실을 바라보는 이야기다. 비록 시인만이 겪는 현실은 아닐 거라 본다. 정년을 넘긴 대다수의 직장인 남편의 애환(?)이라 해도 과언은 아닐 것이다. 물론 개인의 생활방식에 따라 다양하게 변용될 수 있다고 본다. 평생을 시밖에 쓸 줄 몰랐던 천상병 시인의 시집을 통해 삶의 팍팍한 현실을 환기한다. 월급으로 받은 돈은 아내의 생활비 통장으로 들어가고 그나마 문학 활동을 통해 심사비로 받은 돈은 아내 몰래 시집이나 문학작품집에 넣어두는데 그마저도 죽마고우와 술 한잔 먹기 위해 찾아보니 이미 그 돈마저 사라졌음을 발견하고 못내 아내에 대해 섭섭함을 나타내는 시인의 심리적 상태를 구체적으로 묘사하고 있다. 이는 제목처럼 시인의 삶의 후반기에 대한 조촐한 여정의 철학적 사색(회한과 자아 찾기)과 그 미학적 변용이다. 시인은 그가 현실적으로 느끼고 경험한 외부 환경에 대한 이미지 묘사로 심리적 공간을 구체적으로 형상화한 것이다. 시에 묘사된 공간은 현실의 재현이나 모방에 그치지 않고 시인의 심리적 공간과 구조적 상동성을 지니고 있다고도 할 수 있다. "당신과 함께 걸어온 외줄 인생 42년이 어제 같은데 그 여정을 가슴에 안은 당신과 나의 삶은 돈벌이의 엄중함에 눌려 세상에 뜬 헛말과 빈말에 휘둘린 중구난방이었구려"라며, 마음 한편에는 욕망과 비움의 거리(distance)에서 갈등의 번뇌와 근심 걱정의 불안한 심리를 엿볼 수 있다. 그러면서 "여보, 이제는 우리 돈 없어도 꿋꿋하게 살아가요."처럼 시인의 시편들을 읽노라면 따뜻한 슬픔으로 세상을 포용하는 그의 시 정신이 얼마나 우리의 세상을 맑게 정화하고 깊게 위로할 수 있는지를 새삼 깨닫게 한다.

4. 성찰을 위한 고백 찾기와 고향의식

시인은 자신과 더 많은 대화를 나누기 위해 산을 거의 주말마다 오르고 있으며 산 정상에서 내적 성찰을 깊이 깨닫고 있다. 인간들이 탐미하고 있는 어쩔 수 없는 현실적 상황의 묘사로서 작자의 속마음이 잘 나타나 있다고 할 수 있다. 미상불 작자는 철저한 삶의 체험 속에서 오는 채워지지 않는 절박한 삶을 역설하고 있다.

시인은 독자들이 기대하는 이른바 문학 작품으로서 기대의 지평을 저버리지 않는 시인이라 할 수 있을 것이다. 그는 여러 편의 텍스트를 통해 고백의 길 찾기를 하고 있다. 그가 찾는 길은 단순한 고백의 길이 아니라, 철저한 참회의 의식을 통해 자아自我의 길 찾기를 통해 구도자의 길을 걷고 있는지도 모른다.

누가 그대를 숨었다 했나

푸르른 창공의 한 점인 것을
누가 그대를 벽이라 했나
헤매던 눈앞의 문이던 것을

살포시 숨죽여
뭇 사람 오고 감을 거부하는
절벽 끝 연초록빛 작은 적송

나 홀로 있고 싶어도

누군가 문 활짝 열어
번뇌 중생 망상 속
해탈의 번거로움 벗어나려

누가 그대를 숨었다 했나

- 〈숨은 벽〉 전문

북한산 숨은 벽을 바라보며 이를 시화詩化한 작품이다. 숨은 벽이라는 자연을 어떻게 시인의 마음속으로 끌어들여 시적 변용을 이루려고 하는 것은 시인의 창조적 능력으로 귀일

된다고 본다. 위의 시에서 한 편의 풍경화를 보듯 화자는 산 정상에 올라 발아래를 바라보며 "누가 그대를 숨었다 했나" "푸르른 창공의 한 점인 것을" "뭇 사람 오고 감을 거부하는/절벽 끝 연초록빛 작은 적송"의 모습을 보며 그의 상상력이 작용하여 사물의 위치와 공간이 재구성되는 모습을 볼 수 있다. 분명 현실적 시각으로 보면 완벽한 낭떠러지이며 깎아지른 오를 수 없는 바위벽에 적송 하나 위험스럽게 바위틈새에 살아 있을 뿐인데 그는 그것을 분리되지 않는 인간과 자연 합일의 시각으로 보고 있고 또한 눈앞에 보이는 엄청난 풍광들을 해탈의 번거로움에서 벗어나고자 눈앞의 문일 뿐이라 했다. 그리고 뭇사람의 손길을 거부하는 작은 연초록의 적송에서 인간의 갈등을 무력화시키고 고단한 삶의 현실들을 자연을 통해 회복을 지향하며, 그것은 하늘 향해 망상 속에 빠진 인간의 진실을 찾고자 함일 것이다.

한편 그의 시가 보여주는 또 다른 중요한 미덕은 부드러움에 있다. 물론 그의 성격에서도 나타나고 있지만, 그는 항상 모든 사람을 대할 때도 그의 작품에 나타나듯이 부드러운 사람이다. 시에서 단어와 문장을 반복하거나 매 행 끝음절에 의고체 운韻을 사용하여 리듬효과를 높이고 있다. 〈숨은 벽〉의 1연과 2연의 2행과 6연에서 "숨었다 했나" "벽이라 했나" "누가 그대를 숨었다 했나"를 반복하고 있으며 2연에서 1행과 2행이 끝날 때마다 -것을-를 사용하여 운韻을 맞춘 것처럼 리

듬감을 살리는 부드러움이 그것이다. 이러한 리듬의 효과는
〈왜 이럴까〉에 서도 나타난다.

  보일 것 다 보이는
  목숨의 언어들은
  머리 위에 앉은 구름과 같다

  푸르던 솔숲
  귀를 울리던 새소리
  노래처럼 흘러가고

  차창에 걸린
  하루 치의 삶
  고요에 둘러싸여
  다만 침묵할 뿐인데

  눈을 떨게 하는
  어제를 되짚어 보니
  어슴푸레 비춰오는
  앞산이 있어
  가슴이 먼저 시를 쓴다
     -〈왜 이럴까〉 전문

서정시의 아름다움은 언제나 절정의 순간을 향하여 사람들의 마음을 증폭시킨다. "목숨의 언어들이 머리 위에 앉은 구름"으로 밀려오는 그 순간을 위해 화자의 모든 정서와 표현이 집중되는 시이다. 다양한 해석과 이해가 배제된다. 리듬의(노래) 정서적 호소력을 집중시켜 우리의 의식을 화평의 온기로 감싼다. 인간의 자애로움 속에 생각하는 경지는 인간과 인간의 갈등 인간과 삶의 갈등 모두를 무력화시키는 어슴푸레 비춰오는 것이 앞산이다.
　이처럼 장수현의 시에서 산은 개인과 삶 그리고 이해와 희망 성장을 도와주는 그런 의미로 노래한다. 그래서 그 노래의 염원은 갈등에 시달리는 현재의 곤고한 삶에 위안 주기를 간절히 바라는지도 모를 일이다. 이렇게 화자의 의식의 흐름은 솔숲의 새소리가 되어 노래처럼 흘러가고 차창에 걸린 하루치의 삶은 침묵하지만, 어제를 되짚어본 삶 속에서 시를 쓰는 가슴을 발견하는 아름다움일 것이다.
　다만 시인의 표현에서 아름다움을 느끼고 안 느끼고 하는 것은 그리 큰 문제는 아니라고 볼 수 있다. 문제는 삶의 건실한 국면들을 고도의 압축과 상상 그리고 긴장을 형상화해야 한다는 점이다. 서정시의 아름다움은 서두에서 보았듯이 글을 다시 인용해보면 "서정시라고 해서 감정을 노래하는 얄팍한 소품만을 생각해서는 곤란하다."라는 말에 필자의 짧은 생각을 덧붙이고 싶을 뿐이다.

다음 작품을 보도록 하자.

   삶의 증명 같은 밥벌이의 파닥거림도
   숨 고르고 다다른 752번 종점

   흐린 불빛에 갇혔던 봄꽃도 서럽게 꽃 진 흔적 찾을 수가 없다

   해질녘 쇼윈도에 서린 석양이 다가와
   영혼의 떨림판을 자극한다

   도착과 떠남의 만질 수 없는 시간은 질퍽한 기억의 흉터로 쪽빛 하늘에 별이 되었고, 가슴속 그루터기에 움튼 옹이는 저 혼자 파먹다 허공에 뜬 세월의 돌이 되었다

   빈민촌 담벼락이 봄비에 젖어가는 고된 노동끝
   술판에 응시와 회오에 지친 종점 사람 그리고 잔해들

   목안에 감긴 바람 줄기는 햇빛에 말린 새하얀 식탁보의 어색함 사내가 행주로 훔친 식탁에 은둔한 잿빛 구름이 스민 선술집 퀴퀴함도 잘게 으깨어 그가 닦은 그릇에 담는다

오늘도 구멍가게 형광등이 깜박이듯 진저리치는 갈증에
주린 외로움이 깊어지면 불쑥 펼쳐진 파노라마 속 헛꿈도
빈 병 구르는 밤이 유영하는 종점에 바람 같은 슬픔이 있다
　　　　－〈버스 종점은 바람 같은 외로움이 있다〉 전문

　서울 시내버스의 752번 종점은 장수현 시인이 가족과 함께 생존하는 삶의 공간이다. 그는 아침과 저녁을 늘, 752 종점과 함께한다. "삶의 증명 같은 밥벌이의 파닥거림도 숨 고르고 다다른 752종점//흐린 불빛에 갇혔던 봄꽃도 서럽게 꽃 진 흔적 찾을 수가 없다"처럼 시시각각으로 삶의 기쁨과 슬픔이 섞바뀌는 장소이다. 그곳에는 서민의 삶이 그리 밝지 않는 불을 밝히며 생존하는 캔버스의 여백과도 같은 서민의 함축을 나타내는 곳이기도 하다. "도착과 떠남의 만질 수 없는 시간은 질퍽한 기억의 흉터로/쪽빛 하늘에 별이 되었고, 가슴속 그루터기에 움튼 옹이는/저 혼자 파먹다 허공에 뜬 세월의 돌이 되었다"(〈버스 종점은 바람 같은 외로움이 있다〉 4연)에서 보듯이 머물 수 없는 시간의 '흉터', 낯선 나그네처럼 가슴 속 그루터기에 움튼 '옹이' 혼자 파먹다 허공에 뜬 세월의 '돌' 등의 상징은 그의 직접적인 생의 체험을 통해 서서히 정리해야 하는 삶의 위기의식의 이미지로 표출하고 있다. 특히 현상과 사물을 보는 시안詩眼은 화자의 일상에 대한 고백의 성찰로 자기 탐색과 인간 본성에 대한 심리를 시화詩化하고 있다. "오늘

도 구멍가게 형광등이 깜박이듯 진저리치는 갈증에/주린 외로움이 깊어지면 불쑥 펼쳐진 파노라마 속 헛꿈도/빈 병 구르는 밤이 유영하는 종점에 바람 같은 슬픔이 있다"(〈버스 종점은 바람 같은 외로움이 있다〉 7연) 어쩌면 그는 과거 솟구쳤던 인간의 욕망과 욕심이 지금에 보니 한낱 부질없는 바람 같은 것들이었음을 수용하고 있음이다.

    도시의 현란함 속에 나는 혼자였다
    한밤인데도 낮달이 아직 하얗다

    스치는 바람에도 부스러지고 마는 그 허무한 흔적
    아직 나의 전기는 완성되지 않은 걸까

    시커먼 아궁이에 정갈한 재가 되지 못한 찌꺼기로 남아
    들꽃 같은 뒷모습을 덤으로 받나 보다

    그래서 밤이면 종점 동네 낡은 지하다방에 앉아
    소주 한 병에 양육되나 보다

    지금이 어디인지 어디로 가는 건지
    필름이 끊긴 망각은 겹으로 피어오른다

추궁하는 알리바이를 댈 수 없어 삶의 뼈
마디마다 구경꾼을 피해 등을 엎드린다

여기저기 소리에 민감한 화살들이
너는 남아도는 인간이야

무성영화 속에 멈춘 바람 소리를 밥처럼 먹다
언어로 표현되지 않는 시를 발아시키나 보다

　　　　　　　　　　　　－〈잉여 인간〉 전문

　'잉여 인간'이란 사전의미를 살펴보니 19세기 러시아 문학에 널리 등장하는 인물 유형으로 세상에 꼭 필요한 사람이 아닌 쓸모없는 사람을 비유적으로 이르는 말로 나와 있다. 1850년에 투르게네프가 지은 단편 소설 〈잉여 인간의 일기〉가 발표되면서 널리 유행하기 시작한 용어이기도 하다.
　'잉여 인간'은 2행으로 이루어진 총 8연으로 구성된 시다. 이 시대를 살아가는 수많은 군중 속의 인간과 화자 자신을 남아도는 인간으로 보는 유사성을 인식하는 것- 이는 자신의 정신적 세계를 새롭게 보는 시적 상상력이라 할 것이다. 즉, 예상치 못한 것에서 관련성을 포착하고 "그래서 밤이면 종점 동네 낡은 지하다방에 앉아/소주 한 병에 양육되나 보다"(「잉여 인간」 4연) 자신에게 억압적인 것이 될 수도 있는 것에서 소주 한 병에 양육되는 진가를 인정하는 심오함의 시적 상상력이다. 또한 위 시는 인간의 욕망과 의도에 의해 측정 되는 존재의 원천을 갖는다고 할 것이다. "여기저기 소리에 민감한 화살들이/너는 남아도는 인간이야"라는 자신에게 책망적 표현을 통하여 " 무성영화 속에 멈춘 바람 소리를 밥처럼 먹다/언어로 표현되지 않는 시를 발아시키나 보다"에서처럼 시의 씨앗詩想을 잘 키우는 시인으로 생존하려는 원천을 보여주려는 고독한 낮달詩人의 모습을 읽을 수 있다.

    섣달 동백은 아직도 눈 속에 타는데
    춘삼월 동백은 낙화를 기다리지 못해
    선홍빛 속살로 불을 지피고

    물에 뜬 새벽달 아직은 차가워도
    허기에 지친 버들치 집적이고

    흐르던 한 조각의 흰 구름마저
    달을 가렸다 별을 싸안다 하는데

    잠에서 깬 물이 푸르니 나뭇가지도
    하늘 푸른 것 알고 뼈를 아파하니

고향의 진달래도 서둘러 피겠구나
  - 〈봄의 묵시록〉전문

　시인의 고향의식은 춘삼월 동백의 선홍빛 속살로 불을 지피는 봄날을 이야기한다. 그러면서 "물에 뜬 새벽달 아직은 차가워도/허기에 지친 버들치 집적이고"(〈봄의 묵시록〉 2연)의 표현에서 고향의 의식공간인 개천의 허기진 버들치를 유년 시절의 가난으로 이미지화한 고향 의식을 나타내고 있다. "흐르던 한 조각의 흰 구름마저/달을 가렸다 별을 싸안다 하는데"(〈봄의 묵시록〉 3연)는 유년기의 이상적 지향점을 찾을 수 없었던 방황(달을 가렸다 별을 싸안다 하는데)의 외로운 심정을 나타내고 있다.

　인간에게는 본능적으로 자신이 태어난 고향을 평생 가슴에 담고 산다. 그만큼 고향은 누구에게나 있어 삶의 원천이며 현대를 사는 대부분 사람의 정신적 본향이다. 장수현 시인의 고향은 충남 연기군이다. 타향에서의 느끼는 봄의 묵시록 속에는 시인이 살아온 체험 공간과 시간이 흘러버린 고향에 대한 상상력이 섞이어 나타나고 있다. "잠에서 깬 물이 푸르니 나뭇가지도/하늘 푸른 것 알고 뼈를 아파하니"(〈봄의 묵시록〉 4연) 과거의 공간 속에서 일어나고 체험한 정서적 사실을 현재의 시제로 표현하며, "고향의 진달래도 서둘러 피겠구나"(〈봄의 묵시록〉 5연)라는 시련으로 남아있는 화자의 숨겨진 고향의식을 묘사하고 있다.

　삼라만상의 이치는 고향에 대한 끈질긴 그리움과 평생 지워지지 않는 고향 상실에 대한 아픈 애상을 순수함으로 간직하고 있다. 그래서 고향은 나이가 들어갈수록 더욱 강해지는 향수와 귀소 본능으로 시인 가슴에 묵시록으로 남아 있는지도 모른다. "그렇지만 하늘을 보면 언젠가는 모든 일이 다 잘되고 이 잔악함도 결말이 나고, 또다시 평화와 고요가 돌아오리라고 믿습니다."라는 안네 프랑크의 말이 위로되기를 바란다.

5. 나가면서

　엄밀히 말해 한 권의 시집만으로 시인의 내밀한 신념이나 의도의 체계를 다 짐작할 수는 없다. 물론 소설은 개인을 둘러싼 이야기들을 통해 한 편의 소설이 총체적으로 완결될 수 있다고 본다면 시는 그럴 수 없다는 것이다. 시인은 시집이나 생애에 발표한 시들을 모은 시 전체 단위로만 그 신념의 체계를 완결 지을 수 있기 때문이다. 인간의 평범한 삶은 아름다움을 자아내고 그 아름다움이 내면의 깊은 성찰로 이어질 때 시詩는 시대를 넘어서는 영원성을 지닌다고 할 것이다.

　이처럼 시인의 영원성은 생존의식의 갈증과 자기 고백적 의식 속에 자리한 순수성이 없었다면 가능하지 않았을 것이다. 시인의 가파른 삶의 갈증 위에 써 내려간 시들이 인간의 영혼을 치유하고 승화되는 서정의 힘과 빛이 이 시집에서 충분히 발하고 있다 할 것이다.

계간문예시인선 **205**

장수현 시집 아내의 머리를 염색하며

초판 인쇄   2024년 6월 10일
초판 발행   2024년 6월 15일

지 은 이   장수현
회   장   서정환
발 행 인   정종명
편집주간   차윤옥

펴 낸 곳   도서출판 **계간문예**
주   소   03132 서울 종로구 삼일대로 30길 21 종로오피스텔 1209호
전   화   (02) 3675-5633 팩스 (02) 766-4052
이 메 일   munin5633@naver.com
홈페이지   http://cafe.daum.net/quarterly2015
등   록   2005년 3월 9일 제300-2005-34호
연 락 처   03132 서울 종로구 삼일대로 32길 36 운현신화타워 305호
인   쇄   54991 전북 전주시 완산구 공북1길 16, 신아출판사
ISBN 978-89-6554-300-8 04810
ISBN 978-89-6554-118-9 (세트)

값 12,000원

잘못 만든 책은 바꾸어 드립니다.
저자와 협의하여 인지를 생략합니다.